Lb 40/72

DISCOURS

SUR

LA RARETÉ DU NUMÉRAIRE,

ET SUR

LES MOYENS D'Y REMÉDIER,

Prononcé à l'Assemblée générale des Représentans de la Commune de Paris, le 20 Février 1790.

Par J. P. BRISSOT DE WARVILLE, un des Représentans.

Une Banque qui ne paye pas, est à elle-même son plus cruel ennemi. —

A PARIS,

Au Bureau du PATRIOTE FRANÇOIS, rue Favart, N°. 5;

Et chez { DESENNE, Libraire, au Palais Royal.
{ BAILLY, près la Barrière des Sergens.

---

1 7 9 0.

AVERTISSEMENT
DE L'AUTEUR.

JE ne prévoyois aucunement entrer dans la carrière périlleuse des contradicteurs de la Caisse d'escompte : un hasard m'y a conduit. Une disette effrayante de numéraire se fait sentir à Paris. — Le District de l'Oratoire, alarmé, propose à la Commune d'y remédier, en faisant frapper des billets au-dessous de 200 liv. Cette question en a amené d'autres ; l'examen en est renvoyé à un Comité qui fait son rapport. — Un Membre propose en même temps la liquidation de la Caisse. Toutes ces circonstances m'engagent à méditer ce sujet ; plus je le médite, plus mon effroi augmente. Je crois découvrir quelques remèdes propres à ramener le numéraire. J'écris, je parle avec cette franchise, & ce désintéressement qui m'ont guidé dans

Avertissement.

tous mes Ouvrages. Il m'étoit impossible de ne pas blesser quelques intérêts particuliers; de là, des cris violens contre moi. J'ai su qu'on s'étoit porté jusqu'au point de vouloir soulever la Bourse, sous le prétexte que ma doctrine étoit incendiaire. J'imprime ce discours afin que le Public, impartial, juge quels sont les incendiaires & les ennemis du bien public. —— Il y trouvera des raisons. Je n'ai jusqu'à présent vu de la part de mes Adversaires, que des fureurs, entendu que des injures. Je les exhorte à se calmer un peu, à essayer de résoudre mes doutes. S'ils désirent le bien de la Patrie, comme j'en fais profession, qu'ils publient, comme moi, & qu'ils ne cherchent pas à étouffer ces discussions. —— Ce mystère, je l'ai dit, il dépose contr'eux. On jugera mes ennemis par ce trait seul. —— La Commune, à laquelle je ne puis trop faire de remercîmens, pour son indulgence, avoit daigné me voter des remercîmens, & l'impression du Discours. Mes ennemis, à une

AVERTISSEMENT

Séance où je n'affiftois pas, ont eu l'art de faire révoquer cette permiffion d'imprimer.

Les mécontentemens manifeftés à la Bourfe, font l'effet d'une circonftance particulière qui a coincidé, avec l'époque, mon difcours. Des Agioteurs entraînés par les belles promeffes du rapport des Commiffaires qui ont réglé l'exécution des Décrets de l'Affemblée Nationale, ont fpéculé fur les demi-portions d'actions nouvelles de la Caiffe. Ils efpéroient que le prix s'en éleveroit avant qu'ils fuffent obligés d'en faire le premier paiement. Le contraire eft arrivé; l'époque de ce paiement eft très-prochaine; & mon difcours ayant été prononcé dans ce temps, ils lui ont attribué une Baiffe qui, chaque jour, s'accroiffoit par la feule approche du paiement dont ils comptoient de fe décharger avec bénéfice. Je fuis fâché de leur accident; mais devois-je, pour cela, taire des vérités qui ne fauroient être trop répandues?

Je n'ai plus qu'un mot à dire. — L'écrit le mieux fait, le plus redoutable, échouera toujours contre une Banque solide & qui paye. Une Banque qui ne paye pas, est à elle-même son plus cruel ennemi. —

DISCOURS

Sur la rareté actuelle du numéraire, sur les moyens d'y remédier.

MESSIEURS,

LES diverses questions, aujourd'hui soumises à vos lumières, m'ont paru tellement intéresser le sort futur de la Capitale, & par contre-coup celui des Provinces, que, pour les méditer attentivement, j'ai cru devoir suspendre mes fonctions dans ce Comité (1), auquel vous avez donné hier une marque si touchante de votre estime. Ce motif m'attirera sans doute votre indulgence; je l'ai déjà plusieurs fois éprouvée, & je la reclame encore, par la franchise avec laquelle je vous exposerai mes opinions. —— Etranger à l'intérêt, aux

---

(1) Le Comité de Recherches.

A

paſſions, aux conſidérations privées, je ne cherche ici que le bien de ma Patrie, que l'affermiſſement d'une révolution dont nos embarras pécuniaires pourroient arrêter le cours glorieux. Je dirai donc le bien, le mal & des inſtitutions, & des hommes & des choſes. Il faut en avoir le courage, & repouſſer une timidité, une complaiſance, qui pourroient être pernicieuſes pour la choſe publique.

Le rapport que vos Commiſſaires vous ont préſenté, mérite ſans doute de grands éloges ; entrepris avec courage, exécuté avec ſoin dans les plus petits détails, rempli de réflexions judicieuſes, il reſpire d'ailleurs le patriotiſme, & cet amour de la vérité, & cette circonſpection, qui tiennent en garde contre les opinions précipitées.

Mais n'ont-ils pas porté trop loin cette circonſpection, & ne pourroit-elle pas nous égarer ici ?

Quand les objets ſont importans, quand il faut ſcruter les cauſes des calamités publiques, quand il faut fronder des opinions propagées & défendues par des intérêts perſonnels, de timides égards s'emparent aiſément des ſcrutateurs ; ils gliſſent ſur les principes qui pourroient combattre des préjugés trop enracinés ; ils craignent d'aborder, de front, toutes les cauſes de mal.

Le ſilence leur ſemble preſque un bien ; tant ils

redoutent ces murmures & ces haines, que déploient le despotisme & l'arrogance, attachés à la possession des richesses !

Cette circonspection, louable, sans doute, quant aux intentions, entraîne des inconvéniens bien funestes ; elle porte les esprits à des remèdes insuffisans, à des palliatifs trompeurs. On accueille ensuite, on exagère les espérances en raison inverse des craintes qui ont fait éviter cet examen, franc & sévère, dans lequel seul on trouve la vérité.

Quelle qu'en soit la cause, ce double défaut caractérise le rapport de vos Commissaires. On y exagère certaines causes de la rareté du numéraire, tandis que d'autres sont dissimulées ou affoiblies ; on y exagère les hostilités des ennemis de la révolution ; on leur attribue des abus ou des désordres, qui sont uniquement l'effet naturel d'opérations peu réfléchies ; & l'on fonde de vastes espérances sur des résultats de sensibilité, espérances presque toujours trompeuses, lorsque, pour les réaliser, il faut attendre le concours nombreux de plusieurs millions d'ames. Tandis qu'on s'élève avec force contre ceux qui vendent des écus, que les Billets de Caisse rendent tous les jours plus rares, on garde le silence, & sur ces Banquiers, qui ont exercé, & qui exercent encore d'énormes usures,

& sur l'avidité des Actionnaires de la Caisse, si soigneux de se faire payer un dividende inexplicable, lorsqu'ils ne paient pas leurs Billets, & sur cette inertie de gens à argent, qui, s'ils vouloient se concerter patriotiquement, & réunir les efforts qui sont en leur puissance, pourroient, sans une charge considérable pour chacun d'eux, combattre efficacement cette pénurie d'espèces qui frappe si cruellement sur le Peuple, qui n'épargne, en un mot, que leurs spéculations.

J'oserai, Messieurs, éloigner ces réticences. En parlant pour le bien public, je me croirois coupable de déguiser ou d'affoiblir aucune des causes des embarras désastreux où nous nous trouvons.

Je l'avoue, Messieurs, je mets à la tête de toutes ces causes, l'existence même de la Caisse d'Escompte, & je vous dois ici ma profession de foi sur cette institution, puisqu'elle doit jouer le rôle le plus important dans ce discours. Je crois fermement que nos embarras politiques seroient infiniment moins fâcheux, & toucheroient plutôt à leur fin, si, à l'époque de la révolution, une telle Caisse n'eut pas existé dans le sein Capitale. Ainsi, funeste dans le temps du Déspotisme, puisqu'elle fut toujours dévouée à ses besoins, elle l'est encore sous le régime de la liberté; parce qu'elle en méconnoît les maximes; parce qu'égarée par son ambition, conduite par des intérêts particuliers, plus accoutumée au commerce des complaisances pour l'autorité, qu'aux prévoyances de l'esprit public, elle a entaché du discrédit, notre glorieuse révolution, en amenant tous les maux & tous les embarras des papiers-monnoye. —— Certainement les guerres de la Ligue & de la Fronde ont entraîné des ravages bien plus longs, bien plus sanglans que notre révolution; cependant il n'y eu point alors parmi les habitans de la Capitale, cet épuisement désastreux de numéraire, qui énerve, qui détruit toutes les ressources qu'on peut opposer aux maux inévitables. C'est qu'il n'existoit ni Caisse d'Escompte, ni papier-monnoye.

Si la Caisse d'Escompte n'eut point existé, nous aurions eu sans doute des Ministres déprédateurs ou ignorans; nous aurions également gémi sous la fausse théorie des emprunts, puisque le coup étoit porté avant qu'il y eût une Caisse d'Escompte; mais au lieu d'une banqueroute, au lieu de ce funeste accord entre l'Administration des finances, & une banque qui s'est emparée des agens de la circulation, nous ne ferions en guerre qu'avec les Financiers; mais leur concurrence eut, du moins, affoibli leurs usures; l'Etat eut également perdu son crédit; mais ce crédit auroit de moins l'ennemi le plus redoutable, dans le papier-monnoye; des Citoyens pusillanimes.

effrayés, ou mécontens, auroient emporté dans l'Etranger des sommes confidérables, ou les auroient cachées chez eux; mais ils n'auroient pas fatigué le Commerce par leurs efforts & leurs facrifices pour réalifer les billets qu'ils ne pouvoient emporter. Une difette de grains eût pu nous affliger, caufer une baiffe dans notre Change, mais ce mal n'eût pas été aggravé par la préfence d'un papier effrayant pour tout étranger, devenu ou prêt à devenir notre créancier par notre befoin d'approvifionnemens extraordinaires; enfin les créanciers de l'Etat, & les Etrangers eux mêmes, n'ayant devant les yeux que la perfpective de reffources folides, de déclarations loyales faites par un Peuple libre, & par conféquent de bonne foi, ces créanciers, dis-je, fe livreroient à l'efpérance, & dans cet efpoir feconderoient l'Etat de tous leurs efforts. Ils ne feroient pas détournés comme ils le font aujourd'hui, par de fauffes craintes que répandent les partifans de la Caiffe d'Efcompte, pour colorer fes opérations, par les doutes qu'elles infpirent fur les manières dont la chofe publique fe délivrera des entraves de la Caiffe; ce moment leur paroît enveloppé d'un voile impénétrable. Quoique la fécurité ait été bientôt rétablie, quoique les moyens de pourvoir aux dépenfes publiques ne puiffent manquer à un Royaume tel que la France, on voit encore furnager les incertitudes & les embarras; ils font le réfultat forcé de l'état d'une Banque qui a perdu fes proportions, d'une banque déchue dans l'opinion publique, d'une Banque, qui ne pouvant, dans une Ville, telle que Paris, fe délivrer de l'influence de l'agiotage, n'acquierra jamais la réputation d'un établiffement propice & utile aux travaux de la reproduction.

S'il étoit vrai, comme le difent les partifans de la Caiffe, que les deftinées de l'Etat font maintenant enlacées avec celles de la Caiffe, ce feroit donc un jour funefte, que celui où l'Affemblée Nationale a, malgré toutes ces raifons, mieux aimé s'affocier à fon difcrédit, que d'ufer feule, & par elle-même, d'un crédit pur & intact, du crédit National. Le mal eft fait; la Caiffe eft devenu dans les mains du Miniftère, un vafte inftrument de circulation adopté par l'Affemblée Nationale. —— Il faut refpecter ce décret. Mais, eft-ce un motif pour refpecter aveuglement toutes les opérations de la Caiffe? A Dieu ne plaife, que j'adopte une doctrine auffi abfurde, doctrine réchaufée du defpotifme paffé, doctrine que j'ai cependant entendu foutenir récemment. Oui, j'ai vu des gens, porter leur dévouement pour la Caiffe au point de regarder toute critique de fes opérations, comme crimes de lèze-Nation, parce que dès-lors, elles ébranloient un crédit nécessaire à la Nation, sanctionné par la Nation. quoi ! le décret porte-t-il qu'il faudra croire, sous peine d'être criminel de leze-nation, que la caisse remplit ses engagemens, lorsqu'elle ne les remplit pas ? qu'elle n'épuise pas Paris de son numéraire, par l'émission excessive de son papier monnoye ? que ce papier ne nous prépare pas une catastrophe affreuses ? — Ah ! de pareilles maximes ne peuvent convenir chez un peuple libre. Il a le droit de discuter même les décrets de l'Assemblée Nationale, en y obéissant d'abord. Il a le droit d'adresser des pétitions contre ce décret.... Le vrai criminel de lèze-nation ici, n'est donc pas celui qui critique les opérations de la caisse, mais celui qui empêche de discuter ces opérations, d'éclairer la Capitale, les Provinces, sur le danger imminent où elle nous jettent.

Mais, dit-on ; c'est aggrandir le mal que de le faire connoître. Si vous exposez aux Provinces la pénurie d'argent de la caisse, l'irrégularité de ses payemens, elle rejetteront ces billets, & le discrédit s'augmentera. Comme si cette pénurie d'argent pouvoit être ignorée des Provinces ! Eh ! quand elle le seroit, pourquoi voudriez-vous les tromper ? Leurs habitans ne sont-ils pas nos frères ? notre intérêt peut-il être séparé du leur ? Puisque la caisse d'escompte est maintenant une caisse du

Gouvernement, n'ont-ils pas droit à connoître sa situation ? croirez vous d'ailleurs, que votre crédit s'établira mieux au milieu des ténèbres ? Non, non ; cette ressource mesquine de mistère, pouvoit faire quelques dupes sous une Administration despotique. Elle n'en fait aucune sous un Gouvernement libre ; un peuple libre devient nécessairement un peuple éclairé, calculateur. — Enveloppez-vous du mistère le plus épais, ce mistère déposera contre vous-même. Il sera d'ailleurs percé par mille sentinelles publiques. Vos embarras seront dévoilés par elles ; ils le seront encore par tout les créanciers qui languissent, qui, fatigués d'attendre, rempliront les Provinces de leurs plaintes. — Les vrais titres à la confiance, sont la solidité des ressources, la loyauté des expédiens, la connoissance des uns & des autres, & par conséquent la publicité.

Ce préambule sur la Caisse d'Escompte paroîtra peut-être long ou déplacé à quelque personnes qui m'entendent ; je l'ai cru nécessaire & pour le public & pour moi. J'ai tant vu de bons Citoyens, mais pusillanimes, s'effrayer des attaques portées à la caisse, voir dans son discrédit, l'augmentation du discrédit public, dans sa chute, le terme de notre liberté ; comme si le sort d'un Royaume tel que la France pouvoit être attaché à celui d'une société, dont la circulation se borne à la Capitale, dont les propriétés ne vont pas au de-là de 100 millions, & dont les engagemens n'excèdent pas le double ! J'ai tant vu, dis-je, de ces Citoyens effrayés, que j'ai cru devoir méditer ces raports entre l'Etat & la Caisse. J'étois bien déterminé; s'ils m'avoient parus tels que la terreur se les peint, à réformer mes principes & mes opinions : mais je me suis bien convaincu au contraire que ce seroit [accélérer la perte de la chose publique, que de ne pas éveiller les esprits sur le dangers qui résulte pour l'Etat, de son abandon aux opérations de la caisse, dans la disette actuelle du numéraire, sur la nécessité de les surveiller & de la contraindre de prendre enfin les moyens qui peuvent rappeller ce numéraire dans nos murs.

Les deux principales causes de sa rareté, sur lesquelles on a glissé dans le rapport, sont d'un côté l'existence même de cette caisse, & de l'autre la nature de ses billets. Ce ne sont plus de simples billets de banque, comme on vous les a présentés ; c'est un vrai papier monnoie, & de là tout le mal que nous éprouvons. Il importe donc de vous tracer soigneusement ici la théorie du papier-monnoie, de sa différence avec les billets de banque & vous trouverez tout-à-la fois dans cette théorie, & l'explication des causes de la difette du numéraire & la manière d'y remédier.

Après avoir posé les vrais principes sur cette matière, j'examinerai les moyens de rappeller le numéraire, proposés par différentes personnes, critiqués par vos Commissaires; moyens qui cependant peuvent être efficaces.

De-là, je passerai à l'examen des expédiens proposés par vos Commissaires. J'en prouverai l'insuffisance, & je terminerai ce discours par le tableau des moyens qui me paroissent les plus convenables pour remédier à la rareté du numéraire; j'y ajouterai quelques considérations générales sur les causes du discrédit qui continue, malgré toutes les circonstances heureuses qui devroient le surmonter. Je ferrai peut-être un peu long, mais l'objet est de la dernière importance; les matières sont abstraites il faut sur-tout être clair. —— Je m'abstiendrai d'ailleurs de répéter ce que les autres vous ont dit.

PREMIERE PARTIE.

Principes sur les Billets de banque, & théorie du Papier monnoie.

Qu'est-ce que des Billets de banque? Des obligations payables à vue, destinées à circuler comme les métaux monnoyés.

La nécessité de substituer, à l'échange des denrées les unes contre les autres, un signe de leur valeur réciproque, plus général, plus portatif, a fait adopter l'usage des métaux comme monnoie.

Le desir de faciliter encore plus les échanges, & d'étendre par ce moyen les opérations du commerce, a fait ajouter aux métaux un autre agent encore plus simple & moins dispendieux ; ce sont les Billets de banque.

Les métaux ont cet avantage sur les billets, que leur usage est universel, qu'ils portent par-tout une valeur intrinsèque, connue, adoptée & déterminée, & que l'usage des Billets de la banque la plus solidement fondée, est toujours circonscrit dans un espace étroit.

Mais, d'un autre côté, les Billets de banque ont cet avantage sur les métaux, que renfermant des sommes immenses sous un très-petit volume, on crée facilement, par leur moyen, des valeurs représentatives considérables ; on les échange avec plus de rapidité. De-là naissent plus d'affaires, plus de combinaisons, plus d'entreprises. Enfin, les Billets, plus faciles à transporter que le numéraire, peuvent être aussi plus facilement soustraits aux risques.

Le crédit qui les fait circuler repose sur la certitude que la Banque d'où ils procèdent en a reçu la valeur en effets difponibles, & que ces Billets feront conftamment payés à préfentation.

Violez ces règles, & vous convertiffez immédiatement les Billets en Papier-monnoie; car ce font elles qui feules peuvent diftinguer les Billets de banque de ce redoutable Papier. En effet, les Billets font exigibles, le Papier-monnoie ne l'eft pas. La confiance dans les Billets eft libre, elle eft forcée pour le Papier-monnoie. On peut contraindre les Banques à payer leurs Billets en tout ou en partie; on ne peut contraindre l'Etat à échanger le Papier-monnoie contre des efpèces. Il n'eft tenu qu'à le recevoir en paiement des taxes, comme il le donne en paiement du fervice public.

Les Billets de Banque ne deviennent du Papier-monnoie que par la faute du Gouvernement. Ce malheur arrive, lorfqu'il autorife les Banques à ceffer de payer leurs Billets à préfentation, lorfqu'en même temps elles conservent la faculté d'en répandre fans ceffe, & que les particuliers fe voient obligés, contre leur gré, à recevoir ces Billets en paiement.

Les Billets de Banque ainfi dégénérés ont un vice de plus, celui d'une refponfabilité moins étendue. En effet, le Papier-monnoie, diftribué par l'Etat, repréfente toutes les propriétés de l'Etat ; & fi cette repréfentation n'a été jufqu'ici qu'une illufion, par l'excès du défordre, on conçoit cependant que le fol de l'Etat reftant toujours avec fa faculté productive, le temps, la patience & des réglemens fages & fidellement exécutés, pourroient affurer le remboursement du Papier-monnoie, quoique fa circulation fût devenue impoffible; tandis que les Banques, n'étant fondées que fur des capitaux bornés, fi leurs engagemens furpaffent ces capitaux, leurs créanciers reftent fans reffources.

Sufpendre le paiement à vue des Billets, c'eft donc leur ôter la feule qualité qui les mette au rang des métaux, des agens du commerce. Les convertir en Papier-monnoie, c'eft fubftituer la mauvaife foi à la bonne foi, la force à la confiance ; c'eft contraindre le Citoyen qui vend ou à qui l'on doit, à recevoir, pour des valeurs réelles qu'il donne, des non valeurs qu'il rejette. C'eft ouvrir la porte à l'immortalité, à l'impofture, aux banqueroutes ; c'eft ruiner le commerce extérieur & même intérieur ; car le vendeur fe retire néceffairement d'un marché où la violence & l'incertitude ordonnent fa ruine ; & le marché étant abandonné, la reproduction s'anéantit, le commerce réciproque n'a plus d'objets, & les confommateurs languiffent dans leurs besoins, trop heureux que des étrangers leur apportent quelques productions, qu'ils ne peuvent livrer que contre des métaux.

Je dois, Messieurs, creuser encore davantage ces inconvéniens, ces ravages du Papier-monnoie, parce qu'enfin c'est un Papier-monnoie qu'on vous propose de diviser & de répandre dans les Provinces, & que plus cette espèce de Papier est funeste, plus il faut se garder d'étendre ses ravages; il faut au moins en préserver les dernières classes de la société, que la nature des choses en éloigne. Je répéterai ici les paroles d'un des Ecrivains de ce siècle qui a le plus suivi les mouvemens de la finance, & qui en connoît le mieux les effets (1).

» La création du *papier-monnoie* dit-il, est ordinairement l'effet d'une de ces trois causes.

» 1°. La rareté extrême, ou la privation absolue des matières d'or & d'argent.

» 2°. L'insuffisance du revenu public, pour les dépenses de l'Etat, soit qu'elle provienne de dettes immenses, ou de besoins extraordinaires.

» 3°. Des illusions capitales sur la puissance du crédit.

» Si l'on réfléchit à ces causes, on verra que la

---

(1) V. Lettre de M. Claviere aux Auteurs du Courier de Provence.

maladie de l'Etat, qui détermine le Souverain à créer le papier-monnoie, eft incurable par ce moyen; car ce papier, né du défaut de crédit, ne tarde pas à s'avilir par cela même; plus il s'avilit, plus on eft contraint d'en augmenter la quantité; le prix des chofes s'élève fans ceffe en proportion de la défiance pour ce numéraire impofteur, jufqu'à ce qu'enfin le Gouvernement n'a plus de moyen de rétablir cette richeffe dérifoire.

» Le papier-monnoie entraîne un autre inconvénient très-grave; il met obftacle à l'abondance des métaux précieux, & fait difparoître ceux qui qui font monnoyés, par une raifon très-fimple; non-feulement leur prix s'élève avec celui de toutes chofes, mais on les réferve néceffairement, foit pour aller vivre en pays étranger, foit pour en tirer les fubfiftances ou les commodités dont on peut avoir befoin.

» Survient-il une difette, une guerre, ou des troubles intérieurs, les alarmes font plus vives, les fecours plus difficiles, & la cataftrophe plus prochaine.

» Enfin, il eft évident que le papier-monnoie fe difcréditant fans ceffe, doit devenir une propriété redoutable pour tous les individus. Chacun craignant que fa valeur ne s'affoibliffe ou ne s'éteigne dans fes mains, évite, autant qu'il peut, de le recevoir,

cevoir, ou se hâte, s'il en a reçu, de s'en défaire ; & dans cet état de choses, comment les métaux monnoyés ne disparoîtroient-ils pas ? N'est-on pas réduit ou à les cacher, ou à les envoyer dans des pays où l'on soit sûr de les retrouver, en les confiant à une circulation productive ? & la peut-on trouver, cette circulation, dans le pays du papier-monnoie, sans risquer de ne jamais revoir son argent ?

» Ainsi, le papier-monnoie frappe sur l'industrie, sur l'agriculture, sur le commerce ; il bouleverse tous les rapports de valeur, favorise toutes les fraudes, & suggère toutes les injustices.

» L'Etat cherche-t-il à soutenir le crédit du papier-monnoie, en promettant de le rembourser à certaines époques ? Il est difficile de se fier à ses promesses ; elles dépendent de tant d'évènemens incalculables, que l'on crée au même instant une foule de joueurs qui exercent leur funeste industrie sur ces ténébreuses incertitudes, & qui, même innocemment, compromettent la prospérité publique & tous les principes de la morale.

» Observez tous les pays où l'on a introduit un papier-monnoie ; les résultats sont conformes à ces observations. Il est universellement reconnu que le système de Law a fait à la France des plaies plus profondes, plus étendues, plus durables que n'eût

B

jamais pu faire une prompte banqueroute. Qu'eſt-ce qui a retardé pour les Américains, la jouiſſance & les développemens de leur liberté ? n'eſt-ce pas les embarras de leur papier-monnoie ? Les dépréciations qu'ils ſe ſont crus obligés de légitimer malgré l'immenſe reſſource de leurs défrichemens, n'ont-elles pas rendu leur foi douteuſe, & terni l'éclat de leurs lauriers ? Si la Ruſſie a cru échapper aux inconvéniens du papier-monnoie, en le rendant convertible en monnoie de cuivre, elle s'eſt doublement trompée.

» Elle ne peut ni le ſoutenir au niveau de la valeur de métaux précieux, ni ſe garantir de la néceſſité de le multiplier, & d'en préparer l'aviliſſement & la chûte; ainſi, tous les faits nous démontrent que le papier-monnoie eſt une calamité nationale, ou qu'il en eſt l'avant-coureur ».

Si ces vérités ſont d'une évidence irréſiſtible, la queſtion eſt jugée; & quand on vous propoſe de diviſer en petites ſommes le papier-monnoie de la Caiſſe d'eſcompte, quand on vous propoſe de le répandre par-tout, c'eſt propoſer d'étendre cette calamité nationale ſur toutes les claſſes de la ſociété, & dans toutes les Provinces. L'effet le plus frappant de cette calamité, eſt la diſparition complette de l'or & de l'argent. On vous dira que cet inconvénient eſt commun aux billets de Banque & au papier-monnoie. C'eft une erreur engendrée par des circonftances ou des abus particuliers, qui réfultent, non des principes fur lefquels les Banques font établies, mais des fautes de leur Adminiftration.

Toute Banque doit avoir, foit en numéraire effectif, foit en valeur facilement convertibles en efpèces, ou dans fes propres billets, le montant de tous ceux qu'elle verfe dans la circulation. Que l'autorité qui protège les propriétés, foit inexorable; qu'en toute circonftance, elle ne fléchiffe jamais (1) fur l'obligation que les Banques contractent de payer leurs billets à préfentation, & les conféquences défaftreufes dont on fe plaint, feront toujours évitées; car les Banques étant alors forcées à la prévoyance, ne pourront plus s'en écarter fans expofer leur établiffement aux mêmes procédés dont on ufe dans les cas de banqueroute;

---

(1) Il y a une très-grande différence entre une Banque qui, par des évènemens inattendus, éprouve de telles difficultés, que par la feule force des chofes (dont le public lui-même juge), fes paiemens éprouvent quelques lenteurs momentanées, & une Banque qui fe fait autorifer par le Gouvernement à manquer à fes engagemens. Le Gouvernement anglois n'a jamais autorifé des fufpenfions. Les défenfeurs des Arrêts de furféance qui ont cité quelques embarras très-courts de la Banque de Londres, auroient dû faire cette importante diftinction.

tandis qu'une exactitude ininterrompue, fera jouir leurs billets d'un crédit inaltérable, & les fera circuler comme en société avec les espèces. Celles-ci se dissémineront davantage dans les lieux & pour les fonctions où les billets de Banque ne conviennent pas. Il en passera, sans doute, dans l'étranger; mais cette exportation n'étant l'effet d'aucune défiance, elle ne sera, par-là même, que momentanée; elle n'aura pour cause, que des opérations commerciales avantageuses à notre industrie.

Si les billets de Banque, toujours payés à présentation, favorisent ces sortes d'opérations, leur effet est heureux, tandis que celui du papier-monnoie est toujours fatal, puisqu'il fait disparoître l'argent & les denrées, par la seule crainte qu'on a de se voir à tout instant, victime des catastrophes qui, jusqu'ici, ont par-tout décrédité cette sorte de papier.

On ne peut mieux comparer le papier-monnoie qu'à l'impôt le plus violent, le plus tyrannique, le plus destructeur. Vous en avez un exemple dans ce qui se passe sous vos yeux. Celui qui, forcé de recevoir en paiement des billets de Caisse d'escompte, est contraint par la nature de ses besoins, à les échanger contre de l'espèce, & qui ne peut obtenir que neuf cents soixante-dix livres contre un billet de mille livres, ne paie-t-il pas au propriétaire de l'argent, un impôt de trois pour cent sur l'espèce dont il a besoin ? Et quel impôt plus violent, que celui dont l'accroissement est indéfini ? quel impôt plus tyrannique, que celui auquel il est impossible de se soustraire, & qui vous livre sans défense, à l'insatiable cupidité de ceux qui trafiquent de l'argent & du crédit ? Quel impôt plus destructeur, que celui qui renchérit les moyens d'échange par un agio, ou une prime qu'il est impossible de reprendre dans la plus grande partie des échanges ? car, ne vous y trompez pas, Messieurs, le prix du labeur, celui des denrées, celui du produit de nos manufactures, n'augmente point de la perte qu'il faut faire pour acheter l'espèce dont on a besoin.... Deux Agens impérieux maîtrisent, dans ces circonstances, tous les prix : l'un, est la misère, qui, demandant du pain, est à la discrétion de celui qui en donne ; l'autre, est la richesse, qui fait, sans doute, des charités, mais qui résiste avec force à l'augmentation du prix des services qu'on lui rend, & des choses qu'on lui fournit.

Or, puisqu'il est démontré que le papier-monnoie fait disparoître l'argent, il est évident que ce papier étant divisé en petites sommes, doit chasser le reste de numéraire que la force des choses conserveroit dans la circulation, sans cette division ; il est évident que cette division, qui conduit bientôt à faire du papier pour de plus petites sommes encore, doit étendre d'une manière plus déplorable encore sur la classe indigente, l'impôt qui résulte de la dépréciation du papier-monnoie, & qu'elle doit accroître la stagnation de l'industrie, & préparer, par conséquent, une crise dont les effets ne peuvent se calculer.

Ces observations sont incontestables; l'expérience les fournit : par-tout les mêmes causes ont produit les mêmes effets. Tout billet qu'on ne peut convertir à l'instant dans l'espèce qu'il promet de payer à vue, est un papier dangereux ; dès qu'il abonde, il cause l'inquiétude publique; quand l'inquiétude publique est une fois en mouvement, on ne sait plus où elle s'arrêtera, & les calamités incalculables que produit cette inquiétude, sont d'autant plus affreuses, qu'en dernière analyse, elles frappent sur la classe la plus malheureuse de la Société, celle qui, chaque jour, attend son pain d'un travail que la crainte n'ose plus commander, & dont la cupidité baisse le prix.

Appliquons maintenant ces principes & ces observations aux diverses questions qui sont présentées, & la solution en sera facile à donner.

SECONDE PARTIE.

Application des principes sur le papier-monnoie, & examen des moyens proposés pour remédier à la disette du numéraire.

Le premier moyen qui doit fixer notre attention, est celui présenté par le District de l'Oratoire.

Il vous propose de demander à l'Assemblée Nationale d'autoriser l'émission des billets de Caisse d'Escompte, de 100 & de 50 livres.

Il y a deux manières d'envisager cette motion: ou ces petits billets seront, comme les autres, assujettis à l'arrêt de surséance, & inconvertibles en espèces, ou on les exceptera, & ils seroient réellement payés à bureau ouvert.

Dans le premier cas, tous ces billets manquent de la condition essentielle à tous les billets de banque; ils ne seront pas payables à vue; ils augmenteront donc notre mal. Un Décret de l'Assemblée Nationale a ordonné que tous les billets de Caisse seroient reçus en paiement dans toutes les Caisses publiques & particulières, jusqu'au mois de Juillet prochain.

Je n'examinerai point ici les motifs ou les causes de ce Décret; je n'en observe que les conséquences.

A l'époque où il a été rendu, la suspension du paiement de ces billets, prolongée depuis long-temps, avoit répandu l'allarme par-tout, & principalement dans l'étranger ; elle avoit porté le coup le plus funeste au crédit, ajouté aux causes passagères de la Caisse de Change, une cause plus énergique & plus durable ; elle occasionnoit sur ce change les spéculations les plus couteuses, elle a fait disparoître le numéraire de la circulation. Le Décret, en assignant à la Caisse d'Escompte des produits de biens-fonds pour rembourser ses billets, & les retirer de la circulation, a sans doute un peu calmé les inquiétudes ; mais il n'a pas ramené la confiance dans ces billets. Une seule opération pouvoit la faire reparoître, c'étoit de les payer à bureau ouvert. Un adoucissement restoit encore ; en forçant le Public à recevoir en paiement les billets de la Caisse rendus non exigibles, la Caisse faisoit, chaque jour, quelques paiemens en espèces pour tempérer l'effet de la surséance ; & suivant le Discours du premier Ministre des Finances, on devoit compter qu'elle payeroit en attendant le mois de Juillet, au moins cent mille écus par jour.

Mais les mesures prises sous le prétexte de rendre la distribution de cette somme plus équitable, & pour écarter sans violence la foule qui attendoit dans la rue Vivienne, n'ont paru dans leur exécution, qu'un moyen imaginé pour se soustraire plus facilement à cette distribution. En effet, après l'avoir enveloppée du mystère, après avoir baloté, joué, renvoyé de place en place, de bureaux en bureaux, les créanciers de la Caisse, qui s'attendoient à une meilleure police, après les avoir forcé de descendre à mille démarches oiseuses, fatiguantes & désagréables, pour obtenir après une longue attente un peu d'argent, après s'être caché derrière l'administration de l'Hôtel-de-Ville, derrière un Administrateur, qui ne répondoit que lentement aux demandes, qui, après de cruels délais, passés dans l'incertitude, osoit encore astreindre les porteurs à déclarer leur état, comme si le porteur d'un billet avoit besoin de dire son état pour en être payé, comme s'il falloit être d'un état plutôt que d'un autre pour avoir besoin d'espèces, & participer aux parcimonieuses distributions de la Caisse d'Escompte ; après toutes ces manœuvres équivoques, la Caisse d'Escompte nous fait déclarer maintenant qu'elle ne peut s'engager à aucun versement régulier, pas même pour la plus modique somme, & c'est pour arriver à ce fatal résultat, qu'on a profané l'Hôtel-de-Ville, ce premier temple de la Liberté, toujours compagne de la bonnefoi qu'on y a assujettis des milliers d'hommes à un seul homme, & non pas à la loi, qu'on a fait dépendre, par un despotisme intolérable, le sort d'un engagement sacré, de la volonté de ce seul homme !

Je suis loin de vouloir blâmer ici personnellement M. Brousse Desfaucherets. Entraîné malgré lui, sans doute, par l'administration de la Caisse, absorbé par une foule de détails, il lui étoit impossible de répondre à tout, je le veux ; mais pourquoi s'est-il chargé de prêter son nom à cette mystérieuse distribution de numéros qui devoit faire tant de mécontens ?

Après de tels scandales, auxquels il faut encore ajouter celui d'une seconde distribution d'un dividende, faite à des Actionnaires, dont l'établissement n'a pas encore repris ses paiemens, seroit-il étonnant que le doute s'emparât des esprits sur la volonté ou le pouvoir de la Caisse-d'Escompte, de mettre fin à la calamité de ses Billets ? Et c'est dans une telle conjoncture, c'est lorsqu'on ne peut pas se flatter de voir renaître la confiance dans ses Billets, c'est lorsqu'il faut, au contraire, craindre une augmentation incalculable de leur discrédit, parce que le discrédit est un incendie qui s'accroît & se propage de lui-même avec une rapidité, sans nulle proportion avec les risques ; c'est lorsque, pour obtenir de l'argent, on est forcé à faire de grands sacrifices ; c'est lorsque ces sacrifices existans menacent tous les jours de devenir plus considérables ; la peur & le besoin d'un côté, & la cupidité de l'autre, n'ayant point de bornes ; c'est lorsqu'enfin des Spéculateurs adroits, profitant de la crise où nous sommes, & dénués de patriotisme, tendent par-tout, & jusques sur les grands chemins, des filets pour accaparer le numéraire, & le remplacer par leur stérile papier; c'est, dis-je, dans ces circonstances qu'on accroîtroit le mal en augmentant les Billets en circulation d'une somme de nouveaux Billets de cent & de cinquante livres, qui ne seroient pas mieux que les autres, payables à vue, quoiqu'ils en porteroient la condition mensongère. —— Loin de nous, un pareil expédient; il acheveroit l'épuisement du numéraire, il combleroit la misère de la classe la moins aisée de la Société, qui supporteroit infailliblement des pertes toujours croissantes, sur l'échange de ce papier contre l'argent ou les denrées.

Il en seroit cependant autrement, Messieurs, si ces petits Billets étoient constamment payables à Bureau ouvert; & c'est le second point de vue, sous lequel on peut envisager la motion du District de l'Oratoire. Cet expédient, peu convenable en temps ordinaire, pourroit être secourable aujourd'hui. Il remplaceroit du moins, & d'une manière plus sûre & plus utile pour le Peuple, les prétendus paiemens faits à l'Hôtel-de-Ville.

MM. vos Commissaires n'ont cependant pas goûté ce moyen. Ils disent que, si l'on créoit des Billets au-dessous de 200 livres, & que la Caisse-d'Escompte les payât à Bureau ouvert, ce remède deviendroit *nul* par l'adresse de nos ennemis, qui, accaparant ces Billets, & en exigeant le paiement, épuiseroient bientôt la Caisse de son numéraire. C'est par une semblable terreur qu'on a voulu justifier jadis la surséance accordée à la Caisse-d'Escompte, dans un temps où il lui étoit si facile, & si peu couteux, de tenir ses coffres constamment garnis de numéraire.

Cette hostilité ne pouvoit s'exercer que de deux manières ; d'abord en semant les défiances contre la Caisse-d'Escompte, & en excitant ainsi les Porteurs de Billets à les réaliser : mais une pareille défiance ne tient pas long-temps contre la persévérance à payer à Bureau ouvert. Le Public n'aime pas à se fatiguer inutilement, & il reviendra toujours aux Billets, dont la garde est si aisée, quand il les verra payer sans interruption. Il ne falloit donc pas se laisser effrayer par cette crainte. La seconde n'étoit pas moins imaginaire. On supposoit les ennemis de la Caisse, se concertant pour ramasser des Billets, pour les réaliser & pousser cette opération au point de forcer la Caisse à retirer tous ses Billets. Mais pour croire à une pareille chimère, il faut supposer aux ennemis du bien public, & des richesses incalculables, & la faculté de pouvoir les garder sans être obligés de les mettre dans la circulation, & par conséquent la faculté de faire des frais énormes pour détruire un établissement dont la destruction, après tout, n'assureroit pas encore le succès de leurs projets.

Une pareille supposition est donc absurde ; c'est une terreur puérile qu'on n'a pas même éprouvée, mais qu'on a mise en avant pour séduire le public, & se dispenser de sacrifices nécessaires.

Quand, d'ailleurs, des ennemis puissans veulent attaquer une Banque par ces sortes de moyens, elle est toujours soutenue par des hommes qui, ayant intérêt à son existence, agissent en sens contraire pour l'appuyer ; & si la Caisse-d'Escompte eût voulu se résoudre de bonne-heure à des sacrifices que leur retard a rendu plus considérables, plus couteux & moins efficaces, elle auroit eu sans doute encore, & de temps en temps, quelques jours de crise, mais elle y auroit toujours résisté avec succès ; ainsi des sacrifices, faits à propos, étoient, tout-à-la-fois, économiques, & le soutien du crédit de la Caisse.

Je reviens à la proposition du District de l'Oratoire, & je dis, que la raison alleguée par la Caisse pour ne pas l'adopter, pour ne pas payer à Bureau ouvert ces petits billets, si on les créoit, n'est qu'une crainte chimérique, & ne doit point empêcher la tentative de ce moyen.

En calculant le temps méchaniquement nécessaire au payement de ces petits Billets, en fixant pour les payer trois jours de la semaine, & en ne payant à chacun de ces jours, que pendant quatre à cinq heures, en affectant à ce payement un Bureau particulier conduit avec prudence, le public ne tarderoit pas à être soulagé; la Caisse pourroit le secourir d'une somme de petits Billets, double au moins du numéraire qu'elle destineroit à cet usage; numéraire qui, en supposant que le Bureau affecté à cette opération payât sans relâche, pendant tout le temps déterminé, iroit à peine à cinq cents mille livres par mois.

MM. les Commissaires se sont donc laissés persuader trop facilement, que des Billets au-dessous de 200 liv. qui à de certains jours, à de certaines heures, seroient payés en espèces à Bureau ouvert, & qui seroient distribués avec intelligence & précaution, ne seroient d'aucune utilité : je crois au contraire, 1°. que cette mesure soulageroit efficacement les Citoyens dans leurs petites dépenses; 2°. qu'elle prépareroit le retour de la confiance dans les billets, 3°. le plus grand inconvénient qui pût en résulter, seroit son inutilité; l'expérience seule faite avec bonne foi peut nous instruire sur ce point. Je dois observer encore qu'en payant ainsi ces petits Billets à des jours & à des heures fixés, on ne seroit point entraîné à en faire pour des sommes moindres de 48 liv. en s'élevant de cette somme jusqu'à celle de 192 liv. par les différences les plus commodes au Public.

Je n'ai pas besoin d'ajouter que ces petits billets ne feroient point disparoître le numéraire, puisque cet inconvénient regarde, comme je l'ai prouvé, le papier-monnoye, & non les billets convertibles en argent. On m'objectera peut-être les facilités que donneroit cet établissement aux vendeurs d'argent; mais cet inconvénient, fût-il aussi réel qu'il l'est peu, ne doit point empêcher cette mesure.

Il est triste sans doute qu'il s'établisse autour de nous une industrie sur l'argent; mais quelle en est la cause? Est-il juste, est-il prudent, de répandre l'opprobre sur cette industrie, tandis que les causes qui font resserrer l'argent, subsistent dans toute leur énergie? N'est-il pas au contraire heureux pour le public, que l'appas du gain porte des hommes, qui en ont le temps, à faire sortir & circuler les écus qui, sans ces recherches intéressées, resteroient ensevelis dans les coffres des Capitalistes? Se livreroient-ils à ces recherches s'ils n'en étoient pas dédommagés? Le public peut-il en profiter sans les indémnifer? Eh! par quelle inconféquence déplore-t-on tout-à-la-fois, les causes qui ont interrompu le travail, & blâme-t-on une industrie qui peut le favoriser, qui peut remplacer pour quelques peres de famille le pain dont cette interruption les a privés? On blâmeroit donc également ceux qui, dans une Ville bloquée, y feroient au péril de leur vie, & de leur fortune, entrer des vivres; on les blâmeroit donc de retirer quelque lucre de leurs risques? A-t-on bien réfléchi sur ces plaintes, & ne sont-elles pas amenées ici pour détourner les esprits de remonter à ceux qui occasionnent ce désordre, & qui les premiers, & les seuls, méritent d'être blâmés? Vos Commissaires ont bien senti qu'on ne pouvoit pas empêcher de vendre les écus; ils devoient aller plus loin & sentir qu'il est injuste & impolitique, d'exciter l'animadversion contre ceux qui les vendent; il faut au contraire les encourager, car c'est de la concurrence qu'ils se feront entr'eux, que naîtra l'adoucissement & la destruction finale de cette calamité. C'est sans doute un impôt sur le peuple; mais encore une fois, à qui faut-il l'attribuer, & puisque la Nation rétablir les droits de la justice, pourquoi

quoi se permettre ces jugemens précipités dont on accable la classe de Citoyens, qui, à la sollicitude des besoins de tous les jours, joignent le défaut de ressources.

D'ailleurs, il est plus pressant qu'on ne pense de ne pas laisser les murmures du peuple s'accroître davantage. On éprouve dans les petites professions une pénurie, dont les gens aisés ne se font aucune idée. La difficulté d'avoir de l'espèce est un prétexte de ne pas payer. On offre des billets à ceux qui n'ont pas de quoi rendre l'excédent; & ceux-ci, n'ayant aucune créance équivalente à deux cents livres, sont dans l'embarras de ne rien recevoir, & de ne pouvoir acheter de l'argent.

MM. les Commissaires *ont vu, qu'une des causes de la rareté du numéraire étoit la méfiance, qui déterminoit à faire rentrer dans la circulation des billets de Caisse, qui auparavant étoient renfermés dans les portes-feuilles.*

MM. les Commissaires veulent sans doute dire que la méfiance rend la circulation des billets plus active, parce qu'on craint de les garder. En effet, ceux qui en ont sont pressés d'en disposer, & s'ils ont des espèces, ils font sortir les billets avant l'espèce, tandis que le contraire arrivoit quand les billets jouissoient d'un plein crédit.

On a proposé à la Caisse d'Escompte de contre-

C

balancer cette difpofition à rejetter les billets dans la circulation, en leur attachant un intérêt qui les rendît productifs pour ceux qui les garderoient. Cette propofition eft non-feulement fage, mais elle eft encore fondée fur la juftice ; elle eft fage, parce que l'appas des intérêts fur un papier, dont la circulation n'eft pas encore fufpendue, eft un moyen sûr de rallentir l'empreffement de s'en défaire, & les billets de la Caiffe ne font pas encore frappés d'un difcrédit affez grand, pour que cet effet de l'intérêt n'opérât pas fur les efprits. Ces billets font jufqu'ici moins allarmans qu'incommodes & coûteux, par la difficulté de les réalifer pour des befoins où l'efpèce eft abfolument néceffaire. Cet intérêt eft de juftice, puifque c'eft le dédommagement que tout débiteur doit, lorfqu'il ne paye pas fes engagemens à leur échéance.

A ces obfervations, le rapport oppofe que l'on préfère l'argent, mort même, aux effets publics, qui, par leur bas prix, rendent un gros intérêt, & ils en concluent que les billets de Caiffe n'en feroient pas plus recherchés, quoiqu'ils portaffent intérêt. —— Mais il exifte une différence effentielle entre des billets qui circulent encore à l'inftar des efpèces, & des effets publics qu'on ne peut ni acheter ni vendre comme l'on veut. Ces derniers n'ont pas la même propriété que les autres pour les échanges du Commerce; & voilà pourquoi les affignats fur les biens du Clergé, qu'on donne aujourd'hui pour sûreté des billets de la Caiffe, font fi peu recherchés du public, malgré leur folidité. Ils ne pourroient en effet remplacer les billets de Caiffe, que dans la main des fpéculateurs qui fe propofent d'acheter des biens du Clergé; mais ceux-ci penfent, que les biens ne fe vendant point encore, il vaut mieux garder leurs billets de Caiffe, dont ils peuvent chaque jour faire quelqu'emploi momentané, que de prendre des affignats dont ils ne pourroient faire aucun ufage. Auffi, valoit-il autant décreter que les biens du Clergé ne feroient payables qu'en billets de la Caiffe, que d'ajouter une inutile repréfentation des billets, qui définitivement s'éteindront par la vente des biens du Clergé.

On élève une autre objection contre ce projet d'attacher un intérêt aux billets de caiffe; on dit que les caiffes des Commerçans & des Banquiers étant vuides, les billets portant intérêt n'en feront pas fortir ce qui n'y eft pas. Mais qui vous a donné, qui a pu vous donner l'exact bordereau des caiffes des Commerçans, des Banquiers, des Capitaliftes? Pourquoi ne pas croire, au contraire, que malgré l'argent, *exporté par les émigrans*, malgré celui enlevé par la balance momentanée du commerce, il reste encore dans la Capitale quelques portions de ce numéraire si considérable autrefois, suivant le Ministre des Finances; portions qui restent enfouies faute de confiance ou d'attraits? Pourquoi, dans ce cas, balanceroit-on, pour les faire rentrer dans la circulation, à prendre un moyen qui pût les y rappeller? Car enfin, si l'on trouve encore des écus avec des billets stériles, n'en trouvera-t-on pas, à plus forte raison, avec des billets productifs, dès que ceux-ci conserveront à tout autre égard la qualité qui les rend propres à la circulation?

Mais, a-t-on dit à vos Commissaires, en ajoutant un intérêt aux billets de caisse, de quelque manière qu'on s'y prenne, ils deviendront embarassans dans le commerce, ils occasionneront des disputes continuelles dans la transmission des billets.

Comme la Caisse d'Escompte se montre ici jalouse de la paix & du bon ordre! Qu'elle se tranquillise, qu'elle observe elle-même la justice, & l'ordre public ne sera point troublé dans les rapports dont elle est l'origine. Comment peut-on dire que l'intérêt de ses billets seroit difficile à calculer? Quoi! l'on ne peut pas supputer promptement l'intérêt échu sur un billet de mille livres quand il sera fixé à tant par jour, à deux sols & demi, par exemple? quand il y aura une époque prochaine, où la caisse payera cet intérêt en échangeant les billets ? Est-ce la bonne foi qui suggère des objections aussi futiles ? Mais n'admirez-vous pas ici les généreuses anxiétés de la Caisse, qui, sous prétexte d'épargner des embarras de calcul à ses créanciers, se dispense de leur payer ce qu'elle doit.

Si les billets de la Caisse portent intérêt, ajoute-t-on, on ne voudra pas des assignats destinés à leur remboursement. Eh quoi ! veut-on donc forcer les porteurs de billets à prendre ces inutiles assignats? En ce cas, il falloit y mettre plus de franchise... Il falloit payer, avec les assignats, ceux qu'on a payé avec les billets, & donner aux assignats la propriété de la monnoie ; cet expédient étoit une manière simple de céder à la nécessité, mettoit fin aux spéculations de l'intérêt, toujours douteuses, tans qu'elles sont libres.

Le délire de la cupidité va jusqu'à s'effrayer d'un effet heureux que pourroit avoir cet intérêt. On craint que les Capitalistes ne s'emparent de ces billets devenus lucratifs, & qu'ils diminuent d'autant leurs escomptes. Eh ! tant mieux ; les Capitalistes, avides du numéraire fictif, soigneux de le garder, n'en seroient pas plus prompts à l'échanger contre du numéraire réel. Ce dernier circuleroit donc en plus grande masse, tandis qu'il n'en circule point dans l'état actuel ; ainsi cette objection fortifie la convenance de l'intérêt, au lieu de la combattre ; car les Capitalistes ne pouvant obtenir les billets pour rien, il faudra bien qu'ils y substituent quelque chose... Quand on lit de pareilles objections, on est tenté de croire à cette spéculation bisarre, attribuée aux auteurs de ces arrangemens. Ils auroient donc calculé, s'il faut en croire certaines explications ingénieuses, données à la prolongation de la surséance, qu'un état de choses défavorable aux billets de la Caisse, pourroit être utile au Trésor Royal, en ce que les porteurs de billets n'en seroient que plus disposés à les verser dans des emprunts qui ne leur présenteroient pas de plus grands risques.

Cette ruse d'agioteur ne seroit-elle pas comparable à cette proposition qui a révolté tous les esprits ; cette proposition de fermer toutes les caisses & d'y remplacer le numéraire par des billets de caisse, proposition que le rapport qualifie de moyen odieux, qui jamais ne peut-être mis en usage par un peuple libre.... Rien n'est plus vrai, sans doute : mais je demande, à mon tour, en quoi les arrêts de surséance diffèrent de ce procédé ? Je demande si la Caisse d'Escompte, prêtant au Gouvernement des billets au porteur non exigibles, que le Trésor Royal verse dans une circulation dont personne ne peut se défendre ; si, dis-je, la Caisse d'Escompte n'a pas engagé, malgré eux, la propriété de tous les Citoyens que leurs affaires ou leurs besoins enlacent dans cette circulation ?

Il est donc prouvé que toutes ces objections élevées par la Caisse, contre le projet d'attacher un intérêt aux billets, ne sont que spécieuses ; que ce projet peut rappeller le numéraire, & que du moins, s'il ne le rappelle pas, il ne le fera pas fuir.

Je ne ferai pas à la Caisse l'outrage de croire qu'en attaquant ce projet elle a eu peut-être en vue de se dispenser de payer cet intérêt ; elle le reçoit : pourquoi ne le rendroit-elle pas ?

Elle se refuse à une autre demande qui n'est pas moins juste, & que vos Commissaires ont également rejettée. On demande que la Caisse d'Escompte soit obligée de payer chaque jour une somme déterminée d'espèces en échange de ses billets.

Cette demande est fondée sur la nécessité, sur l'engagement qu'en avoit pris la Caisse d'Escompte, & sur la possibilité d'y satisfaire. La nécessité n'est pas douteuse. L'engagement, les Administrateurs le nient. Cette dénégation mérite quelqu'attention. J'observe, 1º. que ce paiement avoit lieu depuis la surséance inutile du mois d'Août 1788, & que la Caisse d'Escompte l'ayant toujours fait valoir comme preuve qu'elle n'avoit pas suspendu ses paiemens, le Public a dû s'attendre à sa continuation.

2º. Que cette continuation est supposée dans le

(40)

projet du Ministre des Finances adopté pour base par l'Assemblée Nationale, puisqu'il y est question d'une distribution mieux entendue de cette somme.

3°. Que la Caisse d'escompte n'a point déclaré ouvertement à l'Assemblée Nationale, lorsqu'elle a offert ses services, qu'elle ne pouvoit continuer ce paiement.

4°. Que pour effectuer cette continuation, l'Administration de la Caisse a concerté des mesures, très-defectueuses, à la vérité, avec le Ministre des Finances & l'Hôtel-de-Ville; la Caisse ne peut donc pas dire qu'elle n'a pris aucun engagement. Laisser croire à la continuation d'une mesure de ce genre, c'est s'engager à la continuer; & il n'y a pas de bonne-foi à prétendre que l'Assemblée Nationale *a connu le danger* de cet engagement, parce qu'elle n'en parle pas dans les Décrets des 19 & 21 Décembre; l'Assemblée Nationale a prolongé la surséance telle qu'elle existoit, telle qu'elle lui étoit connue; & la sorte de crainte qu'elle a eu de s'écarter des opinions d'un Ministre regardé jusqu'ici comme habile autant qu'expérimenté, prouve assez qu'elle a compté sur l'exécution de tout ce qu'il regardoit lui-même comme nécessaire; or, il avoit annoncé cette continuation comme nécessaire : il vouloit seulement qu'elle fût mieux organisée.

Quant à la possibilité de satisfaire à cet engagement, nul doute qu'il ne soit onéreux à la Caisse d'Escompte. Il y a même ici cette circonstance fatale, que tandis que la distribution de cent mille écus par jour n'est qu'un attermoiement, une infraction des engagemens de la Caisse d'Escompte envers les Porteurs des billets, ce versement est plus considérable que les paiemens libres & à Bureau ouvert ne le seroient, si elle avoit su conserver son crédit, en faisant à propos les dépenses que ses engagemens & son honneur exigeoit. Mais à qui faut-il attribuer cette fatalité de circonstances? Est-ce au Public? Non.

Quand les espèces sont rares, on en a, comme du bled, en les payant; & comme il y a un certain point où l'espèce est aussi nécessaire que le bled, nulle excuse ne dispense la Caisse d'Escompte de l'obligation de nous procurer de l'espèce, puisque ses opérations sont une des causes durables de sa rareté. Sans doute il en existe; c'est aux Administrateurs de la Caisse à les chercher; les moyens sont à leur choix; c'est à eux à éviter ceux qui ont trop d'inconvéniens: aucun ne peut être pire, même pour la Caisse, que celui de tenir la Capitale dans la pénurie qui nous afflige. On a vu la Banque d'Ecosse, embarrassée par ses fausses spéculations, emprunter, en rentes viagères, à quatorze pour cent, plutôt que de manquer à ses engagemens, se maintenir par ce moyen, & quatre ans après racheter ces rentes ; il est vrai qu'en faisant ces sacrifices elle ne donnoit pas de dividendes.

C'est en vain que, pour éluder les devoirs impérieux de la Caisse d'Escompte, on gourmande le Public sur ses inquiétudes ; c'est en vain qu'on lui représente les Billets de la Caisse, c'est-à-dire le prêt forcé de la fortune des Porteurs au Gouvernement, comme des bienfaits de la Caisse d'Escompte ou de l'Administration des finances, qui par-là a, dit-on, remplacé les perceptions d'impôts suspendues. Tous ces raisonnemens ne sont que des déclamations sophistiques. S'il n'y avoit pas eu de Caisse d'Escompte, on n'en auroit pas créé une pour les opérations nécessaires. On auroit distribué les perceptions telles qu'on les pouvoit obtenir. L'argent, que la nécessité auroit fait conserver, parce qu'aucun billet de la Caisse ne l'auroit suppléé, auroit été plus utile que ces billets ; enfin, eût-il fallu recourir à la ressource du numéraire fictif, l'Assemblée Nationale n'ayant point à combattre contre un amas immense de billets déjà discrédités, & n'étant point égarée par la doctrine de la Caisse & de ses Administrateurs, elle eût suivi les idées simples & droites du bon sens, qui ne manque jamais d'expédiens sûrs, quand la bonne foi

& des intentions pures le gouvernent, & quand il peut fonder ſes opérations ſur des reſſources immenſes.

On eſt affligé quand on voit vos Commiſſaires répondre à ceux qui propoſent de liquider la Caiſſe, en leur répétant l'éternel argument de ſes Adminiſtrateurs : —— Qu'on nous paye, & nous paierons. —— N'eſt-ce pas une ironie révoltante ? —— Renvoyer ſes créanciers au Gouvernement, avec lequel ils n'ont aucun pacte, au Gouvernement qui ne les a point conſultés dans ſes diverſes tranſactions avec la Caiſſe d'Eſcompte ; —— éconduire ainſi ſes créanciers, étrangers aux profits de la Caiſſe, comme à ſes tranſactions ; ſes créanciers du prêt, duquel la Caiſſe touche l'intérêt ſans lui en rendre aucun, n'eſt-ce pas ajouter à l'injuſtice la dériſion ?

La liquidation de la Caiſſe d'Eſcompte, que vous a propoſée un Membre de cette Aſſemblée, dans un Mémoire qui reſpire une ſaine logique ; cette liquidation, dis-je, eſt certainement fondée en principes. Toute Caiſſe qui ſuſpend ſes engagemens, doit liquider. Je conviens que forcer aujourd'hui cette liquidation, ce ſeroit, non-ſeulement violer l'engagement temporaire pris envers la Caiſſe, par l'Aſſemblée Nationale, mais uſer d'un remède violent, auquel il convient de préférer des moyens, qui, ſans compromettre l'intérêt public, sans occasionner des convulsions violentes, amenassent doucement une liquidation, que la Caisse doit elle-même désirer pour reprendre ses forces.

J'ai prouvé, je crois, contre vos Commissaires, l'utilité momentanée d'une émission de billets, au-dessous de 200 livres, payables à Bureau ouvert; j'ai prouvé que, dans les conjonctures actuelles, les Changeurs devoient être encouragés, & non déshonorés; j'ai prouvé que, pour faire reprendre le crédit des billets, & en même temps ramener le numéraire, il falloit attacher un intérêt journalier aux Billets de la Caisse; j'ai détruit les objections faites, par vos Commissaires, contre cette opération; enfin, j'ai prouvé que la Caisse est dans l'étroite obligation de verser, chaque jour, une somme fixe de numéraire. Je passe à la partie du rapport, où MM. les Commissaires proposent ce qu'ils appellent de véritables remèdes aux maux que nous cause la Caisse d'Escompte.

TROISIEME PARTIE.

Examen des expédiens contenus dans le rapport de MM. les Commissaires.

Leur premier expédient consiste *dans une meilleure distribution des fonds en espèces de la Caisse d'Escompte*. On peut donc compter qu'elle en a, & qu'elle en aura. L'effroi qu'elle a voulu nous causer par le mystère dont elle enveloppe ses ressources, cet effroi doit donc cesser.

Mais pour éviter les inconvéniens de la distribution qui s'en fait par l'Hôtel-de-Ville, & pour éviter en même temps une trop grande concurrence par l'empressement des Porteurs de Billets, vos Commissaires ont donné un plan de classification de ces Porteurs. On y entre dans des détails minutieux; on y fait des choix, des distinctions. On y prononce des exclusions. —— Il faudra donc des Bureaux, des informations, des vérifications, &c. &c.; c'est-à-dire, qu'on multipliera les embarras, les mécontentemens; & qu'en créant des précautions, on créera les moyens de les éluder. Cette institution tyrannique, sans doute, sera rejettée par l'Assemblée. J'en ai pour garant l'espèce de murmure & d'improbation qui s'est manifestée lorsqu'on vous en a fait la lecture. —— Vous charger d'une pareille manutention, ce seroit vous associer à ses vices, & vous attirer une juste part aux mécontentemens qu'elle excitera. Que la Caisse-d'Escompte dirige elle-même ses paiemens, & mette fin à ses embarras. Elle seule doit être responsable des mécontentemens qu'elle n'a pas craint de provoquer.

Laissons-là pareillement se livrer à ses spéculations sur la circulation des billets dans les Provinces. Second moyen que vous ont proposé MM. vos Commissaires ; mais que ses hautes espérances, à cet égard, ne vous détournent pas des moyens efficaces qui vous sont offerts.

Sans doute il n'est pas juste que la Capitale se trouve accablée sous une masse de billets qui la privent de son numéraire, & qui surpasse considérablement la masse de ses transactions ; sans doute ce mal reflue sur les Provinces elles-mêmes, qui, soit pour leurs denrées, soit pour leurs manufactures, ont un intérêt évident à conserver ce centre de consommation immense ; sans doute ces Provinces sont encore intéressées à la conservation d'une ville, qui, par les effets réunis de sa grande population, & des richesses qui s'y rassemblent, offre un point d'appui aux grandes circulations nécessaires au commerce. Mais qui peut espérer d'engager les Provinces à sacrifier à ces considérations leur intérêt immédiat ? Qui peut espérer de les engager à conserver leurs relations avec la Capitale, à échanger leurs denrées ou leurs espèces contre un papier non-exigible, dont la réalisation entraîne les plus grands embarras, les plus grands sacrifices ?

Je l'avoue, Messieurs, connoissant l'esprit de

défiance enraciné dans les Provinces contre l'usage du papier-monnoie, je ne conçois pas comment ce prestige s'opérera; je ne le conçois pas, surtout dans un temps où la Caisse d'Escompte ne réveille que des idées de défiance & de mécontentement. Il me semble entendre dire que Paris est affligé d'une maladie contagieuse, & que les Provinces doivent recevoir leur part de la contagion. Aussi cet expédient ressemble bien plus à une prise de possession que la Caisse d'Escompte veut tenter dans les principales villes du Royaume, qu'à un remède au mal dont cette prise de possession seroit le prétexte. Quoi qu'il en soit de son succès, j'observe premièrement que si Paris reçoit plus d'espèces qu'il n'en doit envoyer, & cela doit être, puisque Paris n'est qu'un entrepôt de consommateurs tirant leurs revenus du dehors, les Provinces lui renverront ses billets de la Caisse comme étant sa propre monnoie; secondement que si Paris paye plus qu'il ne reçoit, ce qui ne dureroit pas long-temps, cela même tendroit à décréditer des billets qui dans ce rapport, plus que dans tout autre, inspireroient de la défiance.

Quel est le terme moyen entre ces deux suppositions dont l'une ou l'autre existe? La dextérité des Administrateurs de la Caisse, celle de leurs Correspondans, pour tirer parti de l'art des viremens de partie, des traites & retraites. Ah! qu'on nous donne d'autres garans du retour des espèces dont les billets de la Caisse nous privent! En attendant, je vois du côté de la Caisse le refus de s'engager à payer dans la Capitale cent mille écus par jour, tandis qu'elle propose d'établir dans les Provinces des remboursemens journaliers de billets qui s'éleveront de 3 à 400 mille livres. Mais quelle Province pourra se laisser séduire par des promesses que la conduite de la Caisse dément dans la Capitale?

Je ne vois dans les Provinces qu'appréhensions des billets de la Caisse. Déjà il s'élève dans les Villes voisines, & même assez éloignées, qui importent sans cesse dans cette Capitale, des plaintes sur ce que les payemens ne leur sont plus faits qu'en billets, sur lesquels on est obligé de faire une perte considérable pour les réaliser en espèces. Je vous citerai à cet égard les plaintes des Marchands qui fréquentent le marché de Poissy, & qui menacent de ne plus amener même de bœufs. Je vous citerai de même celle de la ville de Chartres. Cette Ville fournit à notre marché une quantité prodigieuse de farines. Ses Marchands paroissent déterminés à n'en plus envoyer. J'ai vu la lettre de son Hôtel-de-Ville; deux motifs les y engagent. On ne paye qu'en papier discrédité, des Fariniers, dont

le

le commerce se faisoit toujours en argent comptant, & ce papier n'est pas reçu dans les Caisses publiques de leur Province.

En effet les Receveurs des tailles, des impôts, des droits de contrôle, ont déclaré qu'ils avoient des ordres de ne point recevoir de billets, tant l'Administration des Finances, n'embrassant que des mesures tardives, se voit entraînée dans les contradictions les plus fâcheuses. Car enfin, lorsque, d'après un plan présenté par le Ministre même, adopté par l'Assemblée Nationale, on autorise la Caisse d'Escompte à faire circuler une somme de ses billets double de la consommation de Paris; lorsqu'on force les habitans de Paris, & par conséquent les Provinciaux qui ont des affaires avec eux, d'accepter en payement ces billets de Caisse, & que d'un autre côté les Caisses publiques, qui sont sous la main de ce Ministre, allèguent ses ordres pour rejetter ces mêmes billets, n'est-ce pas une contradiction manifeste ? N'est-ce pas faire craindre aux Citoyens que le Gouvernement cherche à s'emparer de leur argent pour le remplacer par un papier stérile ? Et comme si l'on vouloit encore que ce papier restât cloué dans la Province qui l'a reçu, ou même l'empêcher d'y parvenir, les Directeurs de Poste ont demandé un sol par livre, c'est-à-dire cinq pour cent aux billets qui leur sont confiés; ce qui équivaut à une prohibition de circulation.

D

Cependant la Caisse d'Escompte insiste pour que ses billets circulent dans les Provinces.

Laissons-lui faire cette tentative, pourvu qu'elle n'attente pas à la liberté, pourvu que tout moyen de contrainte lui soit refusé : ce qu'elle obtiendroit de la force ne peut nous causer que des malheurs ; ce qu'elle obtiendra d'une volonté libre ne nous fera aucun mal.

Je vous ai, je crois, prouvé suffisamment que les deux moyens de vos Commissaires sont insuffisans ; que l'un est tyrannique, & que l'autre mérite très-peu de confiance.

QUATRIEME PARTIE.

Que doit faire la Commune de Paris pour remédier à la rareté & au renchérissement toujours plus grand du numéraire?

Il est incontestable que de toutes les Villes du Royaume la Capitale est la plus intéressée, non-seulement à l'établissement d'un meilleur ordre de choses dans les finances, mais à diminuer les inconvéniens inévitables du passage qui nous y conduit. Que d'individus ne renferme-t-elle pas, dont le sort dépend de la nature des opérations de finance, qui sont sans moyens de se récupérer, & qui chaque jour succombent par les privations que leur cause la rareté du numéraire ? Et qui veillera fur tous ces intérêts avec zèle & conftance, fi ce n'eft les Repréfentans de fa Commune ? Il eft donc de leur devoir de déployer toute leur activité, toute leur vigilance, dans la circonftance critique où nous nous trouvons; circonftance dont on peut appréhender des malheurs affreux.

C'eft ici la place de relever une erreur que l'ignorance, l'intérêt perfonnel ou la méchanceté cherchent à entretenir, & qui ne fert qu'à bouleverfer toutes les idées, & à faire prévaloir des réfolutions défaftreufes contre les lumières des hommes expérimentés & méditatifs, qui ne reçoivent d'influence que de leur zèle pour le bien public.

Il eft faux, comme je l'ai déjà dit, que la Caiffe, réduite ou à ceffer fes opérations, ou à les renfermer dans des bornes très-étroites, puiffe caufer la banqueroute de l'Etat. Celle-ci entraîneroit infailliblement la Caiffe d'Efcompte. Mais cette Banque, ne difpofant pas des revenus de la Nation, ne peut faire manquer l'Etat à fes engagemens, qu'autant qu'elle perfévéreroit dans fon Papier-monnoie, & qu'aux fommes actuellement exiftantes on en ajouteroit de nouvelles, qui arriveroient dans la circulation de la même manière, c'eft-à-dire par fes fervices au Tréfor Royal.

La défiance ne pourroit manquer de devenir

absolue, en voyant un intermédiaire, tout au moins inutile, & sans autre force que celle qu'il tire de sa créance sur l'Etat, rester l'arbitre du sort des autres créanciers, & subordonner à ses convenances toutes les opérations directes du Tréfor à leur égard.

C'est ainsi qu'il faut envisager cet enlacement entre la Caisse d'Escompte & les finances publiques, qu'on ne cesse d'opposer aux hommes qui ne se bercent point d'illusions.

Dans la rigueur des termes, la Nation ne peut pas manquer à ses engagemens; elle n'est pas réduite à cette fatale & honteuse nécessité; mais la disposition de ses moyens actuels, le choix des expédiens nécessaires pendant la durée des causes qui ont dérangé le système, peut avoir des effets heureux ou malheureux, suivant que les procédés sont bons ou mauvais;- & dans ce dernier cas il y a une multitude d'infortunés pour qui la Nation fait banqueroute : ceux, par exemple, qui se trouvent soumis directement ou indirectement aux conséquences des remboursemens suspendus, des rentes mal payées, des intérêts arriérés, toutes choses sur lesquelles on n'a fait aucun arrangement, comme si d'un jour à l'autre le Tréfor Royal pouvoit se voir tout-à-coup en état de tout acquitter. Plus le nombre des victimes de cette désorganisation des finances est considérable, plus il influe sur la reproduction, c'est-à-dire sur les ressources sans lesquelles la Nation ne peut remplir ses engagemens, quelle que soit soit son intention d'y demeurer fidelle.

Or, on ne peut se faire une idée ni du nombre, ni des souffrances de ces victimes, ni de la catastrophe qui peut en résulter. Comme, en général, ceux qui marquent le plus par leurs richesses & le crédit qu'elles donnent, sont ceux qui souffrent le moins & parlent le plus haut, il arrive que la catastrophe qu'on redoute est celle dont ils parlent, tandis qu'une très-grande calamité se prépare tous les jours par les souffrances obscures qu'on semble mépriser.

Il faut donc frémir de la disette du numéraire ; car elle achève le désespoir des victimes de la désorganisation des finances ; & il faut que tout tende à la faire cesser. Cette disette a, sans doute, plus d'une cause ; mais ne pouvant pas les détruire toutes en un moment, il faut du moins attaquer celle dont la durée empêcheroit d'ailleurs l'efficacité de tous les remèdes.

Cette cause, c'est le Papier-monnoie ; & cela est d'autant plus évident, que, depuis le commencement de cette année, rien n'a aggravé les autres causes : au contraire, on a vu un instant où tout se disposoit à la renaissance du crédit ; & si dans cet instant la Caisse d'Escompte avoit su s'élever au-deſſus de ſes intérêts pécuniaires, les changemens heureux n'euſſent pas ceſſé de ſe manifeſter.

Il faut le dire encore, les billets de la Caiſſe d'Eſcompte ne ſont pas des billets d'Etat; leur crédit ne peut ſe rétablir que par la repriſe des paiemens à bureau ouvert : ſans ces paiemens, ils ſont au rang de cette ſorte de papier-monnoie qui chaſſe le numéraire au lieu de le ramener, qui le chaſſe à proportion que ce funeſte papier eſt abondant.

Et ici le mal eſt d'autant plus grand, que ne pouvant convertir les billets de mille livres en écus, on les convertit au moins en billets de deux ou de trois cents livres. La Caiſſe ne peut pas ſe refuſer à cette converſion; d'où il réſulte qu'un billet de deux cents livres non exigible prend la place d'une ſomme pareille en eſpèces, tandis que l'impoſſibilité de la repréſenter en papier l'auroit conſervée dans la circulation.

Il faut donc être inexorable envers la Caiſſe; il faut exiger d'elle tout ce qui peut ramener ou conſerver le numéraire dans nos murs. Nul moyen n'eſt à mépriſer, s'il remplit le but, à quel degré que ce ſoit, pourvu que ce ſoit ſans violence & ſans injuſtice : or, les moyens ſuivans ſont indiqués par la nature des choſes, comme propres à remplir cet objet.

1°. Que la Caiſſe frappe des billets au-deſſous de

deux cents livres, & qu'elle les paye à bureau ouvert, ce secours sera véritablement utile dans les difficultés les plus nombreuses & les plus propres à favoriser les mécontentemens dangereux : 2°. qu'elle rétablisse, dans la rue Vivienne, le versement journalier d'une certaine somme destinée aux billets de deux cents & de trois cents livres : 3°. qu'elle ajoute aux billets de mille livres l'attache d'un intérêt de deux sols ou deux sols & demi par jour (1), à compter du premier Janvier dernier : ces trois moyens s'appuieront l'un par l'autre.

On dira que ces distributions, nécessairement limitées, favoriseront les Changeurs, parce qu'ils s'empareront du numéraire qui sortira de la Caisse d'Escompte. Il n'y a qu'un moyen de détruire cette cupidité actuellement excitée ; c'est de la favoriser. Que la Caisse (& c'est mon quatrième moyen) établisse un Bureau de Changeur dans chaque District, en gratifiant chaque Bureau de 500 livres pour son loyer, sans qu'il ait le droit d'en empêcher d'autres, & la concurrence de tous ces

___

(1) Cet intérêt a paru nécessaire au premier Ministre des Finances même : il a, est-il dit dans le Rapport des Commissaires de la Caisse d'Escompte, du 29 Décembre 1789, il a positivement exigé de nous de vous faire connoître qu'il pourroit devenir nécessaire ou convenable d'attribuer une prime ou un intérêt aux billets de Caisse.

vendeurs d'écus produira un tel mouvement pour s'en procurer, que bientôt on verra les espèces reparoître. D'ailleurs si cet espoir doit être déjouer, où seroit le mal de ne s'en rapporter, à cet égard, qu'à l'expérience ? Quel raisonnement peut en tenir lieu ?

Mais il est sur-tout important (& c'est le cinquième moyen, le moyen le plus efficace pour faire renaître le crédit), il est important de rassurer la Capitale, la Province & l'Etranger sur la reprise des paiemens à bureau ouvert, au terme fixé par le Décret de l'Assemblée Nationale. On ne peut pas se dissimuler que la difficulté de cette reprise ne tienne à la grande quantité de billets maintenant en circulation, & c'est précisément cette circonstance qui augmente les défiances sur la possibilité de la reprise.

Mais nul obstacle ne doit arrêter la Caisse pour exécuter strictement le Décret ; elle le doit, ou son crédit est à jamais perdu. L'impossibilité d'attermoyer de nouveau, & de s'affranchir du Décret, est peut-être le moyen le plus efficace de faire renaître son crédit, & par conséquent de faire circuler ses billets, de ramener le numéraire dans ses coffres, & par conséquent encore de lui faciliter la reprise de ses paiemens à bureau ouvert ; c'est donc lui rendre service, que de donner au Public la certitude de cette reprife. Elle a été altérée par l'incroyable facilité avec laquelle la Caiffe d'efcompte a fait changer quelques articles des derniers Décrets de l'Affemblée, articles qui convenoient plus aux Créanciers de l'Etat, qu'ils ne nuifoient aux Actionnaires de la Caiffe d'efcompte.

Je propofe donc que la Commune s'adreffe à l'Affemblée Nationale, pour la fupplier de déclarer que, fous aucun prétexte, elle ne confentira à la prolongation de la furféance accordée à la Caiffe d'efcompte. Dès ce moment, le Public n'aura plus de doutes, il ne craindra plus ni l'intérêt des Actionnaires, ni les fophifmes des Adminiftrateurs. Si au terme fatal, la Caiffe ne peut pas payer à bureau ouvert, fa liquidation fera, dès ce moment, déterminée; elle ne verfera plus de papier-monnoie dans la circulation, & nous retournerons à un état bien moins fâcheux que celui des Arrêts de furféance; car une prolongation de pareils Arrêts, ne pourroit être motivée que fur un fâcheux état de chofes, qu'elle empireroit, ou fur un état équivoque qu'elle décideroit vers le mal, ou fur une grande amélioration, qu'elle décréditeroit par fon inutilité.

Il y a plus : la Déclaration de l'Affemblée Nationale empêchera la manœuvre déjà mife en ufage par les vendeurs d'écus, pour en faire hauffer l'agio, en répandant des doutes fur l'exécution de fon Décret.

Enfin, fi l'on a des efpérances d'introduire dans les Provinces, la circulation des billets de la Caiffe, elle réuffira d'autant mieux, qu'il ne s'y répandra aucun doute fur la prochaine reprife des paiemens à bureau ouvert; & la confiance des Provinces, à cet égard, eft d'autant plus néceffaire, qu'encore une fois, la circulation des billets de la Caiffe ne peut s'y établir que momentanément & par condefcendance.

La Caiffe d'efcompte s'oppoferoit-elle à cette Déclaration? Mais il eft prouvé qu'elle favorife doublement fes intérêts, en facilitant la circulation de fes billets dans les Provinces & dans Paris. Peut-elle fermer les yeux fur les dangers auxquels elle s'expoferoit en voulant perfévérer dans ces fufpenfions? peut-elle fe diffimuler ceux auxquels elle s'expofe, fi fes Adminiftrateurs ne font pas les plus grands efforts, & s'ils ne s'empreffent pas à déployer tous les moyens qui leur reftent pour rentrer dans l'ordre, & réparer nos calamités? Qui pourroit plus long-temps fupporter qu'une affociation de fimples particuliers, continue de mettre fur la fubfiftance du peuple, & fur la fortune d'une foule d'individus, un impôt toujours croiffant, qui fe renouvelle à chaque inftant, & dont l'exiftence eft évidemment le triste fruit ou d'un grand nombre de méprises, ou d'insouciances sur la chose publique, ou d'une imprudente cupidité.

Eh! qu'on ne s'inquiète point de voir la Caisse forcée à reprendre ses paiemens! A quoi donc serviroient ces capitaux immenses qu'on a tant exaltés, & ce crédit qui devoit ramener des millions aussi-tôt après le Décret de l'Assemblée Nationale? Il faut ou s'en servir, quels que soient les sacrifices, ou renoncer à influer plus long-temps sur les destinées de la Nation. Encore une fois, ce n'est ni le prix des actions de la Caisse d'escompte, ni son dividende, ni même les hypothèques de la Nation, qui rétabliront le crédit de *ses billets*; c'est leur paiement à bureau ouvert. Si elle ne verse pas, en attendant le temps fixé, une certaine somme journalière, elle conduira la Capitale, & par contre-coup, les Provinces, à des désordres toujours plus grands, jusques à ce qu'elle succombe elle-même; ainsi, la sûreté de la Capitale, le bien des Provinces & la conservation de la Caisse d'escompte elle-même, exigent qu'on s'arme de sévérité à son égard.

Mais s'arrêtera-t-on à ces moyens? Rétabliront-ils seuls l'abondance du numéraire? Non, sans doute. Ils sont sans inconvéniens; mais leur efficacité dépend des circonstances politiques, est subordonnée aux caufes du difcrédit général, & par cela même eft fujette à des contrariétés qui l'affoibliront.

La Commune doit donc porter fes regards plus haut. Protectrice naturelle des créanciers de l'Etat, dont elle réunit le plus grand nombre dans fon fein, & dont les revenus paient fes confommations, elle ne peut voir avec indifférence leur fituation malheureufe.

Nous avançons tous les jours d'un pas plus affuré dans notre glorieufe révolution ; fans crainte pour l'extérieur, tout fe difpofe dans l'intérieur à la tranquillité la plus complette ; & cependant, loin que la confiance fe rétabliffe, le crédit national, femble mort aux impreffions qui devroient le ranimer. —— Quelle eft la caufe de cette inertie, & du découragement qui vient à fa fuite ? Il faut fe l'avouer avec franchife ; c'eft être ennemi de la chofe publique, que de rien déguifer fur cet objet.

Deux caufes principales occafionnent le découragement & les défiances ; d'abord le peu de fuccès de toutes les mefures prifes par l'Adminiftration des Finances depuis la révolution, & l'obfcurité qui enveloppe, & l'état réel de nos Finances, & le fort des Créanciers de l'Etat.

Qu'avons-nous tenté depuis la révolution ? Deux

emprunts, dont un complettement avorté, & l'autre languiffant.

Un facrifice patriotique de vaiffelle, reffource immenfe, tentée trop tard, & lorfque les craintes, fur les fortunes particulières, s'étoient déjà emparées des efprits, reffource arrêtée encore par des promeffes inexécutables.——

Une fubvention extraordinaire & volontaire, dont les mêmes craintes ont empêché l'efficacité ; fubvention dont le produit cependant attefte encore le patriotifme des François ; fubvention qui n'étoit praticable, avec fuccès, que dans un petit Etat républicain, & dans un temps ferein, où, lorfque de grandes agitations touchant à leur terme, il ne refte plus qu'à en folder la dernière dépenfe pour arriver à la tranquillité.

Qu'avons-nous fait encore ? Nous avons facrifié la riche reffource des Billets d'Etat, qui auroient été fi bien accueillis par la Nation, parce qu'ils procédoient d'un crédit pur, parce que leur objet fimple, aifé à concevoir, n'étant enlacé à aucune opération étrangère, auroit infpiré une grande confiance, & échauffé le patriotifme : nous les avons facrifiés à une Caiffe, qui infpiroit, depuis long-temps, des défiances aux Provinces... On a tout fait pour elle, & rien pour les Créanciers de l'Etat. Cent soixante-dix millions d'assignats lui ont été délivrés, & l'on a conservé sans emploi les deux cent trente restant, qui devoient être au moins distribués aux Créanciers de l'Etat, dont les paiemens étoient suspendus, & dont cette distribution auroit allégé les souffrances. On a tout fait encore pour le paiement des Troupes, & on devoit le faire, car la force publique doit marcher avant tout. Mais aussi devoit-on faire quelques efforts pour les Créanciers, dont les intérêts étoient si fort arriérés. Car lorsque le crédit tombe, le paiement des intérêts n'est-il pas le moyen de le soutenir ?

Maintenant, doit-on être étonné des défiances, du découragement & du discrédit ?—— Qui doute de la solidité de la France, de tous les efforts patriotiques de l'Assemblée Nationale? Qui doute du succès de la révolution? Mais chacun sent son mal, calcule ses moyens, les mesure sur la durée incalculable des causes de nos embarras, craint, & n'ose rien hasarder.

Joignez à ces tristes circonstances l'obscurité qui enveloppe encore l'état de nos finances: quoique la révolution eût dû en déchirer le voile, il n'est soulevé qu'en partie; il couvre encore & l'état véritable de la dette, & le véritable produit des recettes, & leur véritable emploi, & le produit réel des emprunts, & celui de la contribution patriotique, & celui de la vaiſſelle portée aux hôtels des monnoies dans tout le Royaume, & l'état réel des dépenſes, & l'état des paiemens ſuſpendus, &c. &c.

Que réſulte-t-il de ce concours affligeant de circonſtances, de cette ſucceſſion de projets preſque tous avortés ; de bonnes volontés de l'Aſſemblée Nationale, ſans ceſſe rendues illuſoires, & des ténèbres qui environnent l'état actuel des finances ?

Il n'en réſulte ni lumières, ni ſécurité, ni crédit. Or, ſi cette obſcurité eſt la cauſe principale & de la défiance & du découragement univerſels ; ſi cette défiance entraîne à ſa ſuite la ſtagnation du commerce & du numéraire dans la Capitale ; ſi cette obſcurité ne peut être levée que par l'Aſſemblée Nationale, c'eſt donc à ſon autorité que nous devons avoir recours ; c'eſt elle que nous devons ſupplier de prendre les meſures les plus actives, pour conſtater l'état vrai de la dette, le produit réel des revenus, mois par mois, depuis la révolution, l'emploi de ces revenus, pour rendre ces états publics. Cette publicité ſeule pourra commencer à raſſurer l'opinion publique incertaine, effrayée au milieu des ténèbres ; & ſa confiance redeviendra entière, lorsque son Comité des finances prendra enfin des mesures vigoureuses pour assurer le paiement de la dette, dont la suspension est, n'en doutez pas, la cause principale de la stagnation du commerce & du numéraire que nous éprouvons.

A PARIS. De l'Imprimerie de L. POTIER DE LILLE, rue Favart, n°. 5.

www.ingramcontent.com/pod-product-compliance
Lightning Source LLC
LaVergne TN
LVHW021718080426
835510LV00010B/1026